Je suis Charlène

Kirsten Armbruster

Je suis Charlène

Was Sie schon immer über Religion wissen wollten

Mit einem politischen Statement

Bibliografische Information der Deutschen Nationalbibliothek
Die Deutsche Nationalbibliothek verzeichnet diese Publikation in der Deutschen Nationalbibliografie; detaillierte bibliografische Daten sind im Internet über http://dnb.d-nb.de abrufbar.

Herstellung und Verlag:
BoD - Books on Demand, Norderstedt
ISBN 978-3-7347-5730-3

In Andenken an den Mut von
Charlie Hebdo

Inhalt

Teil I

Teil II

Teil I

Was sie schon immer über Religion wissen wollten

Heute ist Freitag. Sogar die indoeuropäischen Germanen widmeten den Freitag noch ihrer Göttin Freya. Das ist die Göttin mit den schönen Brüsten und den Katzen. Deshalb haben Hexen auch heute noch Katzen.

Göttin Freya von John Bauer (1882-1918); Wikimedia Commons, gemeinfrei

Im Lateinischen heißt Freitag Veneris und ist mit der Göttin Venus verbunden. Die FranzösInnen und die ItalienierInnen nennen daher bis heute den Freitag Vendredi bzw. Venerdi. Die Göttin Venus ist natürlich aus der Vulvamuschel der Frau geboren.

Die Geburt der Venus aus der Muschel, der Vulva der Frau, (Ufficien, Florenz, Italien; Wikimedia Comons, User: Dcoetcee)

Die Moslems haben die göttliche Heiligkeit des Freitags am besten bewahrt, rufen sie doch jeden Freitag zum Gebet in ihre Moscheen, die auch heute noch als Wahrzeichen das Horn von Frau Mond tragen.

Mond und Mondsichel auf einer Moschee in Aserbaidschan; Wikimedia Commons, User: DS 02006

Das Horn von Frau Mond finden wir ja schon bei der Urmutter von Laussel in den altsteinzeitlichen französischen Höhlen, weshalb viele bis heute von der Venus von Laussel sprechen.

Die Urmutter von Laussel mit Mondhorn mit dreizehn Kerben, die auch Venus von Laussel genannt wird, Dordogne, Frankreich, 25000-20000 v.u.Z.

Die FranzösInnen sind ebenso hersto-
ry-verbunden wie die Moslems und
deshalb ist das Lieblingsfrühstück der
FranzösInnen bis heute ein Mond-
horn-Croissant.

Moslems sind gute Männer. Kein
Wunder, soll doch jeder von ihnen
mindestens einmal in seinem Leben
eine Haddsch, eine Wallfahrt zum
Schwarzen Stein der Kaaba in Mekka
unternehmen. Die Kaaba gilt als Ort
der Schöpfung.

Die Kaaba in Mekka, Wikimedia Commons,
User Yousefmadari, gemeinfrei

Im Osten der Kaaba befindet sich die
schwarze Ecke, benannt nach dem
Schwarzen Stein, der hier in Augenhö-

he angebracht ist. Der schwarze Stein der Kaaba ist bis heute von einer vulvaförmigen Silberfassung umrahmt, was zeigt, wie sehr die Moslems die Vulva der Frau, das Tor des Lebens, von dem sie alle geboren werden, als heilig verehren.

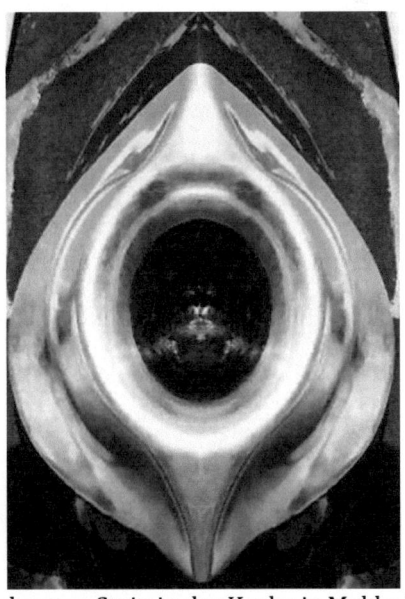

Der Schwarze Stein in der Kaaba in Mekka in seiner vulvaförmigen Einfassung, Wikimedia Commons; User Khaled, 2011

Die Kaaba wird während der Haddsch siebenmal entgegen des Uhrzeigersinns umkreist und die Gläubigen versuchen den schwarzen Stein währenddessen zu küssen, zu berühren oder wenigstens die Hand nach ihr auszustrecken.

Weil die Frau im Islam so heilig ist, wird sie in schwarze Gewänder gehüllt, auf dass niemand ihre heilige Vulva entehrt. So sieht sie dann selbst aus wie die Kaaba. In Saudi-Arabien, wo die Männer, schon wegen der Nähe zum Vulvastein der Kaaba, besonders auf diese Heiligkeit achten, werden Frauen daher gut verschlossen im Haus aufbewahrt, so wie Mann eben einen großen und wertvollen Schatz aufbewahrt. Die Frau ist damit ein wertvoller Gegenstand.

Einst war die Kaaba in Mekka den großen arabischen Göttinnen, der Menat, der Al-Uzza und der Al-Lat geweiht. Al-Lat erscheint als Göttin in dem weißen Milchaspekt ihrer stillenden Brüste. Im Arabischen heißt Milch laban, im Italienischen lac und im Französischen lait. Auch in unserer Kultur ist der mütterliche Milchaspekt in der Sprache noch bewahrt. Denn auch wir sprechen von Laktation, wenn wir Milchgebung meinen. Bei Kühen zum Beispiel, die ja gleich zwei Mondhörner auf ihrem Kopf tragen, die so schön ausgeformt sind, dass in der Mitte sogar die dritte Phase von Frau Mond, die Vollmondphase zu erkennen ist. Das ist der Grund, warum die ägyptischen Göttinnen Hathor und Isis auch immer wieder als Kuh abgebildet werden und in Indien die Kühe bis heute heilig sind.

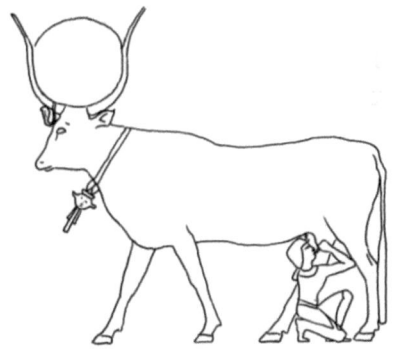

Die ägyptische Göttin Hathor/Isis mit den drei Phasen von Frau Mond als heilige Kuh

Die Muezzin rufen in ihren Mondsichel-Moscheen fünfmal täglich bis

heute Al-Lat an, nur das -t- verschlu-
cken sie ein wenig, so dass es sich eher
anhört wie ein stummes –h-.

Die Männer, die die große Lehre von
Al-Lat mit dem stummen –h- verkün-
digen, nennen sich I-Mam. Das heißt
„Ich stamme von der Mama". Die Ge-
samtheit der Gläubigen wird deshalb
auch Umma genannt, denn Umm heißt
Mutter im Arabischen. Umma bedeutet also: „Wir Gläubigen stammen alle
von der Mama".

Das Wort I-Mam kommt übrigens ursprünglich von den Bayern, den männlichen Reiterkriegern der Bajuwaren.
Das sind auch so tolle Männer wie die
Moslems und die verschucken das –
ch- von Ich, so dass nur noch das
Aleph-I übrig bleibt, wenn sie –wie
alle großen Männer von sich selbst
reden. Im Arabischen ist das Aleph-I
das Alpha des Alphabets. Deswegen
sind alle Männer, die das I im Mund
führen-Alpha-Führungs-Männer.

Ja, und die BayerInnen, stammen
ebenso wie die I-mame und die Sum-

me der Gläubigen von einer Mama ab, denn auch sie haben eine Schwarze Heilige, die ihrer aller AhnIn ist. Das ist die Schwarze Madonna von Alt-ötting, die natürlich in einer hufeisen-förmigen Vulva-Yoni steht. Die Bayer-Innen haben dieses uralte Yoni-Wissen ebenso bewahrt wie die Inder-Innen mit ihrem ausgeprägten Yoni-Kult und jetzt wissen wir auch endlich wieder, warum Hufeisen bis heute Glück bringen.

Die Schwarze Madonna von Alt-ötting in ihrer Yoni-Vulva, Bayern, Deutschland

Alt-ötting, das ist ein Wort, das nur EingeweihtInnen verstehen, denn stellt man das - G- nicht an den Schluss des Wortes, sondern vor –öttin, so können wir schnell erkennen, dass die Schwarze Madonna die Alte Göttin der BayerInnen ist. Und auch die BayerInnen kennen die Haddsch, die heilige Wallfahrt zur Scharzen Madonna von Altötting. Die wird allen BayerInnen nahe gelegt und zwar von der CSU. Das ist eine Art Religionspolizei, die aufpasst, dass Gott die MUTTER immer mit ihnen ist. Deswegen singen die BayerInnen bei möglichst vielen Gelegenheiten: „Gott mit dir, du Land der BayerInnen".

Die Schwarze Madonna, die also die Alte Göttin ist, steht an einer uralten Heilquelle, die inzwischen dem Pförtner Konrad geweiht ist, obwohl dort eigentlich mal die Anna Kirche war. Und an dieser Heilquelle der Schwarzen Madonna stand einst eine große Linde, ein heiliger Baum. Den ließ aber ein Mann, der wohl vergessen hatte, dass er auch von der Vulva-Yoni der Mama geboren worden war, abhauen.

Da weinten die Menschen um ihren Heiligen Baum.

Im Islam schlägt Khalid im Auftrag von Mohammed die heilige Schirmakazie der Göttin Al-Uzza um, bevor er ihr selbst den Schädel spaltet. Deswegen heißt Islam auch Friede.

Im Auftrag Mohammeds schlägt Khalid die heilige Schirmakazie der Göttin Al-Uzza um, bevor er der Göttin selbst den Schädel spaltet, türkische Buchmalerei, entnommen aus Doris Wolf: Das Matriarchat in Arabien; www.doriswolf.de

Das ist nachzulesen bei dem Gelehrten Ibn al-Kalbi in seinem Buch der Götzen, das er im 8. Jahrhundert schrieb.

Und der gute alte Mose ermahnte die Menschen ja auch unaufhörlich sich keine Aschera zu pflanzen. Die Aschera war die uralte Muttergöttin der Kanaaniter, deren Altäre und Heiligen Bäume einst im Heiligen Land standen.

Die Juden aus dem Heiligen Land Israel wissen aber trotz der Zerstörung der Altäre der Aschera auch heute noch ganz genau, dass sie von der Mama abstammen, denn ein wahrer Jude ist nur, wer eine jüdische Mutter hat. Kein Wunder gibt es im Heiligen Land doch schon eine lange Muttertradition, was der Fund der Urmutter von Rebekhat Ram, die 280 000 bis 250 000 Jahre alt ist und der ganz in der Nähe gefundene Fund der Urmutter von Munchata, die circa 8000 Jahre alt ist, bestätigen. Die Urmutter von Rebekhat Ram aus rotem Tuffstein, wurde von der israelischen Archäologin Naama Goren Inbar von der Hebräischen Universität Jerusalem gefunden. Ob die Wissenschaftlerin seitdem noch an der Universität arbeiten darf, ist nicht bekannt.

Links die Urmutter von Rebekhat Ram ist zwischen 250 000 und 280 000 Jahre alt und rechts die Urmutter von Munchata ist circa 8000 Jahre alt. Beide stammen aus den Golanhöhen, Israel/Syrien

Die BayerInnen haben ihrer Alten Göttin aus Altötting einen schönen oktagonalen Tempel gebaut. Der ist von innen genauso schwarz, wie die Kaaba von außen schwarz ist, und er hat diese schönen acht Ecken, genauso wie der Felsendom in Jerusalem im Heiligen Land.

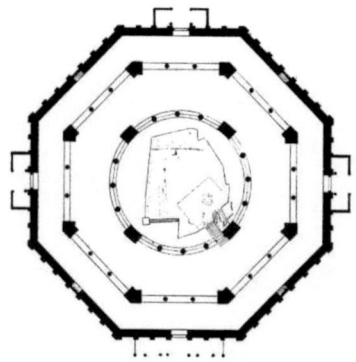

Grundriss vom heute islamischen Felsendom
über der Höhle Maghara, Jerusalem, Israel;
Wikimedia Commons, User Chumwa

Der Felsendom steht über der Höhle
Maghara, wo sich auch heute noch der
Brunnen der Seelen befindet. Kein
Wunder, denn die Höhlen waren ja
immer die Kathedralen der Steinzeit,
der Zeit der Heiligen Steine, in denen
die Toten mit rotem Ocker bestreut, in
Richtung Osten abgelegt wurden, damit sie wie die rote Morgensonne aus
der Vulva von Mutter Erde wiedergeboren werden konnten.

Vulvaöffnung von Mutter Erde in den Klausenhöhlen in Essing im Altmühltal in Bayern, wo die älteste Bestattung eines in Rötel gehüllten Jetztzeitmenschen in Deutschland gefunden wurde, (18600 v.u.Z.)

Die Bedeutung des achtzackigen Sterns, des Muttersterns, den die Welt Stella Maris nennt, die Bedeutung haben die BayerInnen übrigens von den Tempelrittern gelernt. Für die Tempelritter war das eh klar, dass sie alle von der Mama abstammen. Deshalb sind die ja auch nur in den heiligen drei Mutterfarben, rot, weiß und schwarz aufgetreten: Rot wie Blut, Weiß wie Schnee, Schwarz wie Eben-

21

holz. Die kennen wir ja aus den Märchen und von Frau Storch, die auch heute noch die Kinder bringt.

Im Mittelalter - als die Christen noch echte Reiterkrieger waren, mit der Bereitschaft für den wahren Glauben ihr ganzes Blut und das der anderen zu vergießen - , haben die Tempelritter ja eine Zeit lang neben dem heute islamischen Felsendom im Heiligen Land Israel gewohnt. Da haben sie gesehen, dass die aus dem Heiligen-Land auch wussten, dass der achtzackige Mutterstern das Symbol war für die acht heiligen Jahresfeste der Mama. Das war auch der Grund, warum die Tempelritter sich da so wohl gefühlt haben, denn das Wissen über die Sterne als Teil des mütterlichen Kosmos kannten sie ja schon aus ihrer französisch-spanischen Heimat vom Muschelweg, der heute Jacobsweg genannt wird.

Als die Tempelritter wieder nach Europa zurückkamen, haben sie dann angefangen überall für die Mama und die Ahnin Anna am uralten Muschelweg in Spanien diese achteckigen Tempel zu bauen. Und die würden sie wohl noch heute bauen, wenn sie nicht gestorben wären.

Der Hauptteil des Muschelwegs beginnt ja in den Pyrenäen, im französisch-spanischen Grenzland, wo schon die AhnInnen der heutigen BaskInnen die Göttin Mari kannten. Die Göttin Mari aus den Höhlen, da wo nach alter Überlieferung Milch und Honig fließen. Da, wo Milch und Honig fließen, ist ja bekanntlich das Paradies. Und dort in den paradiesischen Höhlen, da hat die Göttin Mari all das Wissen bewahrt, was lange Zeit keine wissen durfte, jedenfalls nicht, wenn sie nicht feuerfest war.

In Lourdes, einem der heute beliebtesten Wallfahrtsorte, verehrt man die Mari deshalb heute wieder ganz besonders doll als Madonna in der Grotte. Denn dort erschien sie der Jungen Frau Bernadette mit der typischen heiligen Vulva- und Klitorissymbolik und klärte sie in guter Muttertradition auf über die orgasmische Lust-

Zipfelmütze der Frauen. Denn, dass Frauen besonders orgasmisch begabt sind und auch bis ins hohe Alter kein Viagra brauchen, wenn frau oder man die Liebeskünste richtig anzuwenden wissen, dieses Wissen hatte die Göttin Mari auch gut in ihren Höhlen bewahrt.

Die weiße Madonna von Lourdes, die auf die baskische Göttin Mari zurückgeht in ihrer typischen heiligen Vulva-Klitoris-Lustzipfelmützen-Symbolik

Das Wissen um den achtzackigen Mutterstern wurde übrigens auch besonders gut aufbewahrt, nämlich im Louvre in Paris. Da steht über dem Mutterstern Stella Maris, dass es der Stern der Göttin Ishtar ist, weshalb die EngländerInnen in Würdigung der Sternengöttin alle ihre Sterne nach der Göttin Ishtar –stars- nennen.

Der achtzackige Stern der Göttin Ishtar auf einer Kudurrustele von König Melishipak I (1186-1172 v.u.Z.; Louvre, Paris, Frankreich)

Die Sternengöttin Ishtar wird anderswo auch Astarte, Ashtoret, Aschera, Eostre oder Ostera genannt. In Andenken an diese Sternengöttinnen feiern wir übrigens bis heute das Osterfest. Das Osterfest kommt, wie die

Sonne immer aus dem Osten und steht im Zusammenhang mit der Frühjahrstagundnachtgleiche und dem schon in der Altsteinzeit bekannten alten dreizehnmonatigen Kalender von Frau Mond. Deshalb ist Ostern auch ein bewegliches Fest. Und jetzt ahnen wir schon, warum an Ostern die Osterhasenfrau die bunten Eier bringt, die acht Jahreskreisfeste Hexensabbate genannt werden und warum die Zahl dreizehn so gefährlich ist.

Auf der Stele im Louvre in Paris sind aber nicht nur der Stern abgebildet, sondern auch Frau Sonne und Frau Mond.

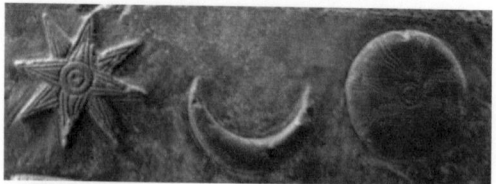

Der Mutterstern Stella Maris, Frau Mond und Frau Sonne, ebenda, Louvre, Paris, Frankreich

Die gehörten einst zum Verständnis eines mütterlichen Kosmos. Das war die Zeit bevor die Streitwagenkrieger und später die Reiterkrieger mit ihren Waffen aus Bronze und Eisen fanden, dass die Sonne ihre Waffen so schön zum Glitzern bringt, dass sie aussehen, als seien sie aus purem Gold und deshalb beschlossen, dass die Sonne ein Mann sein müsse und noch dazu ein Gott.

Hätten die Reiterkrieger geahnt, dass die Göttin Mari tief in ihren paradiesischen Höhlen in den Mutterbergen der Pyrenäen - wo all die Reiterkrieger wohl von ihren Pferden hätten absteigen müssen, um dort hinzukommen -, hätten die Reiterkrieger also nur geahnt, dass die Mari das Wissen bis heute bewahrt hat, dass die Sonne ursprünglich eine Frau war, dann hätten sie sich wohl besser angestrengt und wären wohl auch mal von ihren Pferden abgestiegen. Ja, so funktioniert halt die Männerwelt: kein Fleiß, keinen Preis! Und Faulheit bestraft die Göttin Holle, das ist auch die, die in den Höhlen wohnt, bekanntlich mit Pech.

Und nun, oh Schreck und Graus für all die sonnengottgleichen Männerhelden unserer Welt, steigt all dieses dunkle Wissen wieder aus den Höhlen des Paradieses an die Oberfläche hinauf! Und wir wissen wieder, dass in der baskischen Mythologie die Erde die Göttin Lur, Frau Mond die Göttin Ilargi und Frau Sonne die Göttin Ekhi waren und, da sie nicht gestorben wurden, auch heute immer noch sind. Die Sonne ist also doch kein güldener Heros, sondern wird stattdessen durch die Sonnendistel Eguzkilore symbolisiert.

Und obwohl dieses aus den paradiesischen Höhlen aufsteigende dunkle Frauenwissen doch aus Sicht der waffenvernarrten Heldenmänner nun doch wirklich Unglück genug ist, wird nun auch noch offenbar, wer die Hexen eigentlich sind. Die Hexen mit ihren spitzen, keck herausgestreckten Hexenhüten, die auffällig an die orgasmische Lust-Zipfelmütze der einst freien, wilden Frauen aus der Zeit der Wildbeuterinnen erinnern, solchen Frauen, die nicht domestiziert werden konnten als isolierte Hausfrauen, dem Mann willfährig zu Diensten.

Die Hexen sind zurück, die freien, wilden Frauen. Diese freien, wilden Hexen erinnern sich wieder daran, dass auch sie immer schon von der Mama abstammten und als Töchter von einer heiligen Vulva geboren wurden. Und sie wissen wieder, dass sie sich als Töchter der Hegenden und für sie Sorge Tragenden Mama wunderbar geborgen fühlten und nicht so verloren waren, wie die Töchter des Patriarchats. Und weil die Töchter sich wieder erinnern, an ihre einst starken Mütter und die göttliche Mama, verstehen sie auch wieder die Symbole und die uralte Mutterwurzelsilbensprache. Und diese mutterwurzelsilbengestützte Symbolik wird heute wieder überall sichtbar, auch im Land der BaskInnen, was die Lust-Zipfel-Mützen-tragende weibliche Hexengemeinschaft der baskischen Künstlerin Agurtzane Anduetza aus dem Hexenmuseum im baskischen Zugarramurdi treffend zum Ausdruck bringt.

Hexen mit ihren Lust-Zipfelmützen von Agurtzane Anduetza, erstanden im Hexenmuseum in Zugarramurdi im Land der Göttin Mari, Spanien

Tatsächlich finden wir im Land der BaskInnen nicht nur die Göttin Mari, die Erdgöttin Lur, die Mondgöttin Ilargi und die Sonnengöttin Ekhi, sondern wir finden auch den Dolmen der Hexenhütte, La Chabola de la Hechicera, der auch Sorginaren Txabola genannt wird.

Dolmen der Hexenhütte – **La Chabola de la Hechi-cera** auch **Sorginaren Txabola** genannt in Elvillar, Álava, nördlich von Logroño, Baskenland, Spanien; Wikipedia Commons Hechiceratrikuharria, Bilar 2006-09-15: Josu Goñi Etxabe

Der Dolmen ist das Steinhaus der Sorgenden und der Hegenden, wie die göttliche Mama auch genannt wird, denn die Menschen legten hier ihre Toten ab, damit sie von der Hegenden und für sie Sorge Tragenden Mama wiedergeboren werden konnten. Das ist ja eh klar wie magische Kesselsuppe, denn in dem Wort Sorginaren ist das Wort sorgen enthalten und in dem Wort Hechicera das Wort Hegen. Deshalb heißen die Hexen im Französischen bis heute sorcières. Die Hexen waren nämlich diejenigen, welche die mütterliche Wiedergeburtsreligion der Hegenden Mama kannten. Und da das Wort sorcière in mütterlicher Sprachverwandtschaft steht zu dem ebenfalls französischen Wort source, was Quelle bedeutet, wissen die heutigen Hexen auch wieder ganz genau, dass die Quelle allen Lebens eben die seit Menschengedenken Hegende Mama ist, die magische Tod-in-Lebenwandlerin.

Deshalb wird im Althochdeutschen Hexe mit Hagazussa übersetzt. Das ist die Zaunreiterin, welche die Magie der Naturzyklen verstand, die Zyklen in denen der Tod in Leben verwandelt wurde. Denn das konnte ja wirklich der kleinste Piepmatz schon sehen, dass Frau Sonne täglich, Frau Mond monatlich und die Vegetation jährlich geboren wurde. Und so war das natürlich auch mit den Tieren und den Menschen. Da die Frauen ganz offensichtlich über die gleiche magische Tod-in-Lebenswandelkraft verfügten, wie die Hegende selbst, malten die Frauen ihr Lebensverständnis in die Bauchhöhlen von Mutter Erde. Und so können wir uns auch heute noch, Gott der MUT-

TER sei Dank, an den Höhlenmalerei-
en erfreuen, für welche die Frauen der
Altsteinzeit so berühmt geworden
sind, wie ihr späterer Nachahmer Pi-
casso.

Das Leben ist ein Kreis und nun
schließt sich der Kreis auch in diesem
kleinen Büchlein. Kommen wir deshalb noch einmal auf den Anfang zurück. Auf den heiligen Freitag.

Im Baskischen korrespondiert der
Name ostiral für Freitag mit der Wurzel irargui für Mond, schreibt José Mi-
guel de Barandiarán, ein Mann, der es
wissen muss, in dem 1973 erschiene-
nen Wörterbuch der Mythologie. Und
er erklärt, dass der Freitag deshalb
der Mondgöttin geweiht war. Kehren
wir also noch einmal zurück nach
Mekka, zur Schwarzen Kaaba mit dem
Heiligen Schwarzen Vulvastein, dem
Freitag als heiligem Tag der Moslems
und zu deren wunderschönen Moscheen mit der Mondsichel. Und stel-
len wir uns doch einmal die ganz ein-
fache Frage: Was heißt denn nun
Haddsch, das Wort, das die Moslems

bis heute für ihre wichtigste Wallfahrt benutzen, eigentlich?

In der DMG-Din-Norm, der Norm für die Umschrift des arabischen Alphabets wird Haddsch mit zwei kleinen Häkchen versehen „Hagg" geschrieben, was uns nun doch sehr an die Hegende und die althochdeutsche Hagazussa erinnert. Und der Schwarze Stein in der Kaaba heißt Al-hagar al-aswad, wobei aswad schwarz bedeutet und Al, genauso wie El im Hebräischen immer ein Titel für Gott ist, wie in Elohim oder El-Schaddai. Der Schwarze Stein ist also der Stein der Hagar. Die Hagar ist die hegende Gott die MUTTER und die Haddsch ist eben die Wallfahrt zur mütterlich-göttlichen Hagar. Und tatsächlich ist Hagar die Stammmutter der Araber, die Mama, von der alle Araber abstammen, also aus der Vulva geboren werden. Genauso wie die Sara, die seit der Steinzeit, der Zeit der Heiligen Steine bekannte Stammmutter aller Juden ist. Die göttliche Sara, die in der Höhle Machpela wohnt und einst in ihrem heiligen Hain Mamre verehrt wurde.

Im Hof der großen Moschee in Mekka befindet sich der Brunnen Zamzam, welcher der Hagar geweiht ist. Dem Wasser dieses Brunnens wird nicht nur eine heilende Wirkung nachgesagt, sondern der Ursprung dieses Wassers soll das Paradies sein. Und jetzt verstehen wir endlich auch, warum die Moslems so eine große Sehnsucht nach dem Paradies haben. Dort wartet ja die Jungfrau auf sie, aber die Jungfrau ist nicht keusch, nicht enthaltsam. Die Jungfrau ist parthenogenetisch. Sie ist die göttliche Mama, Gott die MUTTER selbst. Und dieses Wissen stammt aus einer uralten Zeit, einer Zeit, wo Vaterschaft keine Rolle spielte, denn wer soll der Vater sein, wenn die Frauen frei und wild sind?

Teil II

Erläuterungen

Am Anfang war Gott die MUTTER

Am Anfang des menschlichen Bewusstseins war Gott die MUTTER. Sie war das allumfassende göttliche Verständnis der Steinzeit, die göttliche Mutter des Paläolithikums und des Neolithikums. Sie war Mutter Erde, aber auch der Kosmos. Frau Sonne und Frau Mond spiegelten ihr göttliches Sein. Das Männliche und das Weibliche und das Nicht-Heteronormative wurden von ihr geboren, und, wenn es verstarb, kehrte es zu ihr zurück, um von Neuem wiedergeboren zu werden, so wie die Sonne jeden Abend im Westen im Leib der Erdmutter verschwand, um am Morgen im Osten wiedergeboren zu werden.

In den heiligen Mutterfarben rot, weiß und schwarz zeigte sich die göttliche Mutter den Menschen. Rot steht für das heilige Menstruationsblut, das Voraussetzung ist, um Mutter zu werden, aber auch für das Nabelblut der Nabelschnur, der Schlange des Lebens, mit der neues Leben im Bauch der Mutter genährt wird. Das Blut der Frauen, der Bauch der Frauen, einschließlich der Höhlen als Erdbauchmutter, aber auch die Schlange als Symbol für die Mutter und Kind verbindende Nabelschnur, sind zentrale Lebensattribute und daher in der Religion von Gott der MUTTER heilig. Die Heiligung von Menstruationsblut und Nabelblut, als an Leben gekoppeltes Blut der Mütter, macht ein Blutopfer, wie wir es aus späteren patriarchalen Zeiten kennen, unnötig und kommt daher auch nicht vor.

Die Farbe Weiß steht für die Milch der Mutter, für die Mondmilch und die Milchstraße am Firmament, aber auch für das Weiß der Knochen, die nach dem Tod und der damit verbundenen Verwandlung aller organischen Substanz in schwarze fruchtbare Mutterhumuserde noch in der Erde zurückbleiben. Und hier sehen wir auch die

Bedeutung der Farbe Schwarz. In der Schwärze des Mutterbauchs, in der Schwärze der Erdbauchhöhle, in der Schwärze der Nacht, in der dreitägigen schwarzen Phase von Frau Mond und in der Dunkelheit des Winters geschieht die Magische Wandlung des Todes in neues Leben. Hierdurch wird der Kreislauf des Lebens aufrechterhalten. Verwandtschaftlich zählt nur die unilineare matrilineare Abstammung, denn Vaterschaft ist aufgrund der freien Sexualität der Frauen, der sogenannten female choice kaum nachvollziehbar und daher unwichtig.

Gott die MUTTER war die parthenogenetisch Gebärende, die Allmutter, die Große aseitätische Jungfrau, die Almudena, die Panagia, die Dea Mater, die Pachamama. Und diese Gott die MUTTER steht für den Anfang von Religion, den Glauben der Menschen in einer matrilinearen AhnInnenlinie durch die Rote Nabelschlange der Mutter wiedergeboren zu werden.

Das lateinische Verb „Religare", das die Wurzel von Religion widergibt,

wird nicht zufällig übersetzt mit: Anbinden, Losbinden und Zurückbinden.
Tatsächlich weist diese Bedeutung
deutlich darauf hin, dass es bei Religion ursprünglich um Bindung ging. Die
Bindung an die Mutter und die Bindung an die matrilineare Ahninnenreihe durch einen mütterlichen Wie-
dergeburtsglauben, denn die engste
körperliche Bindung, die Menschen im
Leben jemals haben, ist die zwischen
Mutter und Kind im Mutterleib. Diese
Bindung beruht auf der blutpulsierten,
roten Nabelschnur. Das Neugeborene
kommt an der Nabelschnur angebun-
den auf die Welt. Um dort ein eigen-
ständiges Leben zu führen, muss es
von der Mutter losgebunden werden.
Im Zurückbinden innerhalb der mütterlichen Ahninnenreihe schließt sich
der Kreis. Der Tod wandelt sich in
neues Leben.

Im Patriarchat wird die mütterliche
Religion, die auf der matrilinearen
Abstammung beruht, durch kopfge-
burtliche Theologien ersetzt und im
Zuge dieser Theologisierung von urs-
prünglicher Religion vermännlicht,

wozu es vieler unnatürlicher Indoktrinationen bedarf. Gott wird als Ergebnis dieser kopfgeburtlichen Theologisierungen ein Vater. Das Wort Religion wird also von den patriarchalen Theologien missbraucht, denn das Wort Religion macht nur im mütterlich-göttlichen Verständnis einen Sinn.

Die Menschen lebten aus diesem Verständnis des Lebens heraus matrifokal, d.h. die Mütter standen im Focus, im Zentrum der Gemeinschaft. Da vor Gott der MUTTER alle gleich waren, lebten die Menschen egalitär, was an den Gruppenbestattungen der Steinzeit auch archäologisch offensichtlich ist.

Mit dem Beginn des Metallzeitalters, in der Kupfersteinzeit, dem Chalkolithikum, ab dem späten 5. Jahrtausend im Vorderen Orient, und ab 4300 v.u.Z. in Mittel- und Nordeuropa, können wir archäologisch diesbezüglich eine erste Veränderung feststellen. Erste Spuren von Gruppengewalt und erste patriarchale hierarchische Gesellschaftsstrukturen werden mit dem ersten Auftauchen von Herrschergräbern sichtbar. Ökonomisch werden die Frauen nach ihrer zentralen Bedeutung als Sammlerinnen und Pflanzerinnen während der Steinzeit, im Zuge der fortschreitenden Rinderdomestikation und schließlich der Pferdedomestikation und dem Beginn des Pflugackerbaus aus ihrer matrilinear-frauenkollektiven ökonomischen Unabhängigkeit zunehmend hinausgedrängt.

In der Bronzezeit ab circa 3300 v.u.Z. im Vorderen Orient und im 2. Jahrtausend in Mittel- und Nordeuropa verschärft sich die patriarchale Überformung. Das patriarchale Kriegszeitalter beginnt. Mit dem Auftauchen von Streitwagenkriegern kommt es erstmals zu Reichsgründungen durch kriegerische Eroberung. Gott die MUTTER, die Alles-Gebärerin der Steinzeit, wird in viele Göttinnen zerstückelt und die Idee des Heros, die Idee der männlichen Sonne wird mythologisch verbreitet: der Mann, der mit seinem Blut die Welt retten soll. Ein männlicher Blutopferkult beginnt, der sich in zwei Ausprägungen zeigt: als Krieger oder als Blutopfer auf dem Altar einer politischen Theologie, die über die Zwischenstufen erster männlicher Vegetationsgötter, einer männlichen Vergöttlichung der Sonne, wie beim ägyptischen Gott Aton, über von Männern geleiteter Götterpantheons, wie dem keltischen Dis Pater, dem griechischen Zeus, dem römischen Jupiter, dem germanischen Wotan oder Odin, schließlich das Ziel hat, einen monotheistischen Vater-Gott gesellschaftlich zu implementieren.

Der Vater drängt sich in den Vordergrund. Matrifokalität wird zunehmend durch Patrilokalität ersetzt, die sogenannte Heilige Hochzeit ist die Vorform der patriarchalen monogamen Ehe, die das Ziel hat, die freie Sexualität der Frauen, die sogenannte female choice zu beenden, um männliche Herrschaft durchzusetzen und Vaterschaft bestmöglich abzusichern.

Die Mutter, die im matrifokalen Lebenskontext in ein matrilineares Ahn-Innenkollektiv eingebettet war, wird in einer bluts- und nabelfremden Verwandtschaftslinie isoliert und ökonomisch abhängig gemacht. Die Religion von Gott der MUTTER wird von den Vatergöttern erst zerschlagen und schließlich historisch unterschlagen. Über die Zwischenstufe der Idee der Göttin, deren Abstammung plötzlich von einem männlichen Gott abgeleitet wird, wie bei der von Göttervater Zeus kopfgeborenen Athene, die zudem als Kriegsgöttin missbraucht wird, wird der MUTTER die Göttlichkeit schließlich ganz abgesprochen.

Helfershelfer für diesen göttlichen Muttermord sind die in vielen Kulturen verbreiteten Drachentöter, wie der babylonische Gott Marduk, der griechische Gott Apollon oder auch der christliche Michael, Georg oder Patrick. Die Drachenschlange, die sie töten, steht für das Töten von Gott der MUTTER, für den Mythologischen Muttermord und das Vergessenmachen der Matrifokalität, die ihre Verwandtschafts- und AhnInnenlinie auf der roten Mutternabelschnur begründet, die durch das Patriarchat durch eine väterliche Abstammung ersetzt werden soll und damit zerschlagen werden musste.

Im Patriarchat ist die Mutter nur noch die Dienerin des HERRN, die seine HERRlichkeit vervollkommnet. Der Feminismus, auch der leider in vielen Irrtümern gefangene Matriarchatsfeminismus, hat an diesem patriarchalen Status Quo bisher praktisch nichts verändert, denn die Mutter ist anscheinend mit ihrer dem Patriarchat dienenden Muttertumsüberformung, wie wir sie zum Beispiel im Nationalsozialismus finden, so traumatisch besetzt, dass kaum eine es wagt in matrifokal verwurzelten Gemeinschaftsstrukturen zu denken und Gott die MUTTER wieder bei ihrem Namen zu nennen.

Ein politisches Statement

In einer Zeit, wo der Islam sich radikalisiert und zunehmend zu einem islamistischen Terrorismus ausartet, wo abzusehen ist, dass es unter den Dogmen eines von Männermachtideologen erfundenen Gottesbilds nie Frieden geben wird zwischen Israel und den Palästinensern und, wo auch klar wird, dass der neue Papst Franziskus zwar sozialkritische Reformen anstrebt, aber an dem Kern des patriarchalen Monotheismus, nämlich der Diskriminierung der Frau, nichts ändern will, in einer solchen Zeit muss sich die Stimme der Patriarchatskritik auch politisch erheben. Sie muss Stellung beziehen. Sie darf nicht schweigen.

Tatsächlich ist der patriarchale Monotheismus gleich ob christlicher, islamischer oder jüdischer Ausprägung eines der Hauptübel unserer Welt, denn das Hauptziel des patriarchalen Monotheismus ist immer die Herrschaft des Mannes über die Frau, des Vaters über die Mutter. Das ist der Kern des patriarchalen Monotheismus. Das ist der Kern des Patriarchats.

Das Patriarchat hat sich selbst legitimiert durch die Erfindung einer Autorität, die nicht in Frage gestellt werden darf. Der Mann ist Gott, im Umkehrschluss ist Gott ein Mann. Die Basis zur Durchsetzung einer solchen Ideologie kann nur Gewalt sein, totalitäre Gewalt in seiner höchsten Form. Faschismus pur. Gottesbildfaschismus.

Opfer einer solchen totalitären Definitionsmacht-Diktatur sind nicht nur die Frauen und mit ihnen die Kinder, sondern die gesamte Natur. Diese Definitionsmacht-Diktatur ist widernatürlich. Das ist ihr Wesenskern.

Als Naturwissenschaftlerin denke ich von der Natur her. Und in der Natur sehe ich andere Prinzipien verwirklicht. Ich sehe nicht das Prinzip der Monoisierung, sondern der Diversität. Und ich sehe auch nicht ein Denken in polaren Strukturen. Der Mann steht nicht polar zur Frau. Schon gar nicht ist er der natürlich-aktive Teil in dieser scheinbaren Polarität. Die Natur hat einen anderen Weg gewählt, nämlich den der Integration. Der Mann ist von der Natur integriert worden in ein mütterliches System der Vielfalt, denn in der Mutter wachsen nicht nur Frau und Mann heran, sondern auch intersexuelle oder transgenderische Lebensformen, die alle keinen Platz haben in einem polaren, noch dazu gott-männlich-hierarchisch-definierten Weltbild. Welch ein Leid wird durch ein solches Theorem induziert! Nicht nur beschränkt auf den Menschen, sondern der gesamten Lebenswelt dieser Erde aufoktroyiert.

Wieviel weiser und großzügiger war da doch das Verständnis eines mütterlichen Kosmos, das Verstehen einer Integrativen Mütterlichen Ordnung in dieser Welt, so einfach und für jeden sichtbar. Entwickeln wir auf dieser Basis ein männliches Gottesbild, einen an der Natur orientierten Grünen Mann, denn der patriarchale Monotheismus ist keine zivilisatorische Errungenschaft, wie uns weis gemacht werden soll. Der patriarchale Monotheismus ist alltägliche Zerstörung. Er ist Terror! Und was auch ganz klar ist: Der patriarchale Monotheismus ist nicht reformierbar. Das bedeutet: Der patriarchale Monotheismus passt nicht in eine Moderne Welt. Er gehört letztendlich abgeschafft!

Die nachfolgenden zwei Texte wurden erstmals im Blog der Autorin veröffentlicht. Sie wurden geschrieben anlässlich des terroristischen Anschlags auf die Redaktion des Satiremagazins Charlie Hebdo und in Solidarität mit den mutigen Menschen dort. Mögen überall in der Welt Menschen aufstehen und sich nicht durch den alltäglichen Terror einschüchtern lassen. Denn jetzt ist die Zeit aufzustehen gegen den Faschismus der patriarchalen politischen Theologien, die nichts anderes sind als Männermachtideologien!

Blog:
kirstenarmbruster.wordpress.com.

Der Islam, Pegida und das Versagen der politischen Intelligenz

Erstveröffentlichung am 8. 1. 2015, ein Tag nach dem Anschlag auf das Satiremagazin Charlie Hebdo:

Der Anschlag auf das französische Satiremagazin Charlie Hebdo hat nichts mit dem Islam zu tun, beteuert Alman Mazyek, Vorsitzender des Zentralrats der Muslime, im deutschen, öffentlich rechtlichen Fernsehen am Abend nach dem verheerenden Terroranschlag mit zwölf Toten in Paris. Mazyek spricht fließend Deutsch! Welch ein positives Beispiel für gelungene Integration. Islam heißt Friede. Einspruch!

Patriarchaler Monotheismus und Friede sind ein Paradoxon
Der Islam gehört, wie das Christentum und das Judentum zu den drei monotheistischen Theologien, die den Mann zum Gott gemacht haben. Sie sind ein

wesentlicher ideologischer Bestand-
teil der Zementierung von Männer-
macht. Und hier liegt das Problem. Im
falschen Männerbild des Monotheismus. Die Durchsetzung des herr-
schenden Mannes als gesellschaftli-
ches Oberhaupt, im privaten Bereich
der Familie und parallel im öffentli-
chen politischen und theologischen
Raum, ist historisch gekennzeichnet
von einer nicht enden wollenden Blut-
spur der Gewalt, nicht von Frieden.
Vor dem patriarchalen Monotheismus
gab es sowohl im Nahen und im Fer-
nen Osten, ebenso wie in Europa,
überall Göttinnen, wichtige Göttinnen.
Die Patriarchatskritikforschung hat
dies längst freigelegt. Und selbst in der
Apostelgeschichte können wir nachle-
sen, dass die Menschen nicht freiwillig
die Verehrung ihrer Göttinnen aufga-
ben.

Der Islam ist die jüngste der monotheistischen Theologien und das Frauenbild des heutigen Islam entspricht
dem Frauenbild der Christen aus dem
Mittelalter und da brannten die Frau-
en auf den Scheiterhaufen der kirchli-

chen Inquisitoren. Tatsächlich prädes-
tinieren die monotheistischen Schriften dazu, im Namen eines patriarchal
geprägten Gottesbildes, Gewalt auszu-
üben. Deswegen wird es keinen Frieden geben, nicht im Israel der orthodoxen Juden, nicht im Islam und in
Europa nur bedingt, weil die Idee des
Laizismus, wie sie in Frankreich, wie
in keinem anderen europäischen Land
praktiziert wird und für die Charlie
Hebdo stand, das Christentum halb-
wegs gezähmt hat. Tatsächlich sind
patriarchaler Monotheismus und
Friede ein Paradoxon.

**Das Versagen der politischen Intel-
ligenz bildet den Agitationshinter-
grund der Rechten**
Westliche PolitikerInnen und Journa-
listInnen, die behaupten der Islam
gehöre zu Europa, haben den Islam
nicht verstanden. Der Islam stammt
wie das Judentum und das Christentum aus den Steppen und Wüsten einer von Hirtennomaden geprägten
Kultur und genauso wenig wie das
Judentum und das Christentum gehört

der Islam zu einem modernen, toleranten Europa. Und genau diese Idee eines modernen Europa ist in Gefahr. Dass die politische Intelligenz in Europa diese Gefahr leugnet, ist ein demokratischer Skandal, denn erst diese Leugnung eröffnet rechtspopulistischen und rechtsradikalen Strömungen, wie sie in Frankreich durch den Front National und in Deutschland durch die AfD und Pegida und die NPD aufgenommen werden, die Tore für Agitation.

Eine moderne Antwort wäre nicht nur eine strikte Trennung von Religion und Politik, sondern auch eine Verpflichtung der Theologien frauendiskriminierende und gewaltverherrlichende Passagen aus ihren Schriften zu entfernen und sie nicht länger unter dem Deckmantel von Traditionsbewahrung zu dulden. Mutige PolitikerInnen, mutige JounalistInnen, mutige KarikaturistInnen und mutige Intellektuelle sind also gefragt statt Verharmlosung!

Weder der Islam, noch das Christentum noch das Judentum gehören in eine Moderne Welt

Erstveröffentlichung am 15.1.2015

Einigkeit und Brüderlichkeit gehören zu den Lieblingsworten, die dieser Tage überall bemüht werden. Einigkeit zwischen Juden, Christen und Moslems. Toleranz ist das Schlüsselwort, das die Guten von den Bösen, die zivilisierten von den terroristischen Monotheisten unterscheiden soll. Auffallend in jedem Fall – obwohl das niemandem aufzufallen scheint – ist die überproportionale Dominanz an Männern, die alle etwas Wichtiges zu sagen haben. Und so zeigen die Toleranzbekundungen vor allem eins: Die Toleranz des Monotheismus hört bei den Frauen auf, denn Großmütter, Mütter, Schwestern und Töchter sind ja nicht gemeint in dieser Demonstranz von Brüderlichkeit. Kein Wunder, denn der alleinige

"Jahwe-Vater-Allah-Gott" hat ja vor allem eines klar gemacht, dass der Mann ein Gott ist. Und in diesem Kernelement des Monotheismus, da herrscht nun wirklich brüderlich-eitle Einigkeit. und zwar auch zwischen den gut-zivilisierten und den bös-terroristischen Monotheisten.

Und in dieser, die Frauen – die Hälfte der Bevölkerung – ausschließenden einigen Brüderlichkeit zeigt sich, hinter einer perfiden Scheinheiligkeit, der Totalitarismus des patriarchalen Monotheismus. Das heißt, patriarchaler Monotheismus ist immer Faschismus. Und totalitärer Faschismus beruht immer auf Gewalt. Denn die Idee, dass das Leben den Mann ins Zentrum gestellt hat, ist aus der Naturbeobachtung heraus absurd und kann nur mit Gewalt indoktriniert werden. Und hier greifen das angeblich Gut-Monotheistische und das Bös-Terorristische ineinander, ergänzen sich, erweisen sich als zwei Seiten ein und derselben Medaille. Die eine Seite der Medaille ist die strukturelle Gewalt, die in den patriarchal-

monotheistischen Schriften und den –
gerade durch einen nicht-laizistischen
Staat unterstützten Traditionen über-
liefert wird und die andere Seite ist,
dass eben diese Schriften und Traditionen jeden erdenklichen Raum lassen für exekutive Gewalt und deshalb
immer zu Blutvergießen führen. Die
Geschichte des patriarchalen Monotheismus – gleich welchen Couleurs –
ist eine einzige Aneinanderreihung
davon.

Einst waren Europa und der Nahe und
der Ferne Osten ein Kulturraum. In
den Muschelwegbüchern, die den
Wurzeln des maurentötenden Jacob
gefolgt sind, ist dies längst frei gelegt,
die gleiche Kultur und sogar die, dieser Kultur zugrundeliegende Religion,
denn Religion kommt von Religare
und Religare bedeutet: Anbinden,
Losbinden und Zurückbinden. Gemeint ist damit ursprünglich die Le-
bensanbindung allen menschlichen
Lebens an die Mutter, an die leibliche
Mutter und an die göttlich-kosmische
Mutter, die wir logischerweise, weil
sie eben am Anfang jeder Religion

steht, Gott die MUTTER nennen können. Und, um das zu erkennen, dazu
bedurfte es keiner Indoktrinationen,
sondern nur eines einfachen Hinse-
hens.

Und weil das so klar und deutlich ist,
wurde der Schwarze Heilige Stein der
Kabaa in Mekka nicht nur in einer vulvaförmigen Silberfassung eingefasst,
sondern war den Göttinnen Al-Lat,
Menat und Al-Uzza geweiht. Und der
achtzackige Felsendom in Jerusalem
mit der Höhle Maghara erweist sich,
wenn man nur ein bisschen genauer
hinsieht, als ursprünglicher Bauch-
mutterhöhlenraum von Gott der
MUTTER, in der sich nicht zufällig bis
heute der Brunnen der Seelen befindet. Und folgen wir dem Jacobsweg in
Euopa, der 1987 zum ersten europäischen Kulturweg erklärt wurde, so
finden wir auch dort überall die gleiche Religion der göttlichen Mutter
hinter der Fassade des Kriegspfads
eines Maurentöters, denn der Jacob
hat nicht zufällig als Erkennungssym-
bol die Muschel, die Vulva der Frau.

Schauen wir also hinter die scheinheilige Fratze des gewaltbasierten patriarchalen Monotheismus und erkennen, dass ein patriarchaler Monotheismus einer modernen Welt nicht würdig ist, denn Frauen sind nicht eine vernachlässigbare Nebengruppe der Bevölkerung, sondern sie sind die Hälfte der Weltbevölkerung und Frauen waren schon immer göttlich. Heute brauchen wir mehr denn je diese integrierende weibliche Göttlichkeit, denn die Natur hat nicht zufällig den Frauen als Müttern den größten Teil der Menschwerdung leiblich-nabelgebunden anvertraut. Erinnern wir uns wieder an die Natürliche Integrative Ordnung der Mutter, denn in der Mutter findet kein Kampf zwischen den Geschlechtern statt, sondern in der Mutter findet das Männliche und das Weibliche und auch das Nicht-Heteronormative seinen Platz. Und entwickeln wir ein göttliches Männerbild, das um diese naturgegebene Tatsachen weiß. Formen wir ein Vorbild für unsere Söhne, so dass ihr Blut nicht mehr unter dem Deckmantel gewaltverherrlichender Ideologien vergossen werden muss. Formen wir für unsere Söhne neue männliche Vorbilder, so dass sie wunderbare Liebhaber werden und nicht länger der Pornographie- und der Prostitutionsmafia auf den Leim gehen. Stärken wir endlich wieder unsere Töchter, so dass sie sich in dieser wunderbaren Welt frei bewegen können, frei von der Angst an der nächsten dunklen Ecke vergewaltigt werden zu können und bei jedem offenen Drink in der Bar unter KO-Tropfen gesetzt zu werden. Tun wir endlich etwas gegen das Patriarchat!

Anmerkungen

Die im Text verwendete Zeitangabe v.u.Z. bedeutet: vor unserer Zeitrechnung. Die nicht näher bezeichneten Fotos im ersten Teil des Buches, sowie die Coverzeichnung stammen von meinem Mann Franz Armbruster, der mich bei allen meinen Forschungsreisen begleitet und die Forschungsergebnisse durch Fotos dokumentiert hat. Die bei einigen der Bilder nicht ausreichende Bildqualität ist den zur Verfügung stehenden Möglichkeiten, mit denen diese Publikation auskommen musste, geschuldet. Da die Bilder aber einen wichtigen Informationsgehalt für den Text haben, wurden sie trotzdem in diesem Buch aufgenommen.

Zur Autorin

Dr. Kirsten Armbruster ist Naturwissenschaftlerin und gehört zu den führenden Patriarchatskritikerinnen. Sie wurde 1956 in Dortmund geboren, wuchs in Kairo, in Ägypten auf, machte ihr Abitur in Fürstenfeldbruck, studierte Agrarwissenschaften an der Universität in Göttingen und promovierte in Physiologischer Chemie an der Tierärztlichen Hochschule in Hannover. Seit vielen Jahren arbeitet sie beruflich im Integrationsbereich.

Vertraut mit der männlich geprägten Berufswelt und als Mutter von vier, inzwischen erwachsenen Kindern, ebenso mit der Welt der Mütter, hat sie gelernt als global-politisch denkende Frau über den Tellerrand hinauszuschauen und nicht zu schweigen über das kriminelle System des Patriarchats.

Aufgewachsen in einem einst moderaten islamischen Land und durch mehrere Reisen, unter anderem auch nach Israel und nach Syrien, beobachtet sie seit langem eine Hinwendung zum islamischen Konservativismus, der Anlaß zur Sorge gibt, genauso wie die fundamentalen Strömungen bei den orthodoxen Juden und den fundamentalistischen Christen, gerade auch in den USA.

Dem setzt sie, die aus dem interdisziplinären Ansatz der Patriarchatskritikforschung gewonnenen Erkenntnisse entgegen, denn im Zuge dieser Forschungen gelang es ihr, Religion im ursprünglichen Sinn wieder freizulegen. Religion als Integrative Anbindung an die Natur, die auch heute noch als mütterlich wahrgenommen wird. Ein Wiedererwachen der Anbindung an die Natur, beinhaltet nämlich die Chance, die Gewaltspirale des Patriarchats hinter sich zu lassen und sie durch die Lebensspirale zu ersetzen. Diese Lebensspirale ist überall sichtbar, sogar im siebenmaligen Umkreisen der Kaaba. Man schaue sich dazu nur einmal die Filmvideos auf Youtube an.

WeitereVeröffentlichungen der Autorin:

Der Muschelweg – Auf den Spuren von Gott der MUTTER; Die Wiederentdeckung der matrifokalen Wurzeln Europas, Norderstedt, 2014

Matrifokalität – Mütter im Zentrum; Ein Plädoyer für die Natur; Weckruf für Zukunft; Norderstedt, 2014

Der Jacobsweg – Kriegspfad eines Maurentöters oder Muschelweg durch Mutterland? Die Wiederentdeckung der Wurzeln Europas, Teil 1, Norderstedt, 2013

Gott die MUTTER – Eine Streitschrift wider den patriarchalen Monotheismus, Norderstedt, 2013

Das Muttertabu oder der Beginn von Religion, Riedenburg, 2010

Starke Mütter verändern die Welt; Rüsselsheim, 2007

Weitere Informationen zur Autorin:

Blog:
kirstenarmbruster.wordpress.com

www.kirsten-armbruster.de
www.edition-courage.de
www.courageconsult.de

Facebook, Twitter

Weiterführende Literatur

Bott, Gerhard: Die Erfindung der Götter; Essays zur Politischen Theologie; Norderstedt, 2009

Bott, Gerhard: Die Erfindung der Götter Band 2; Norderstedt, 2014

Bott, Gerhard: www.gerhardbott.de

Uhlmann, Gabriele: Archäologie und Macht; Zur Instrumentalisierung der Ur- und Frühgeschichte, Norderstedt, 2011, 2012

Uhlmann Gabriele: www.gabriele-uhlmann.de

Blog: Uhlmann, Gabriele: wahrscheinkontrolle.wordpress.com

Blog: www.femininelesbians.wordpress.com

Luisa Francia: www.salamandra.de